Футбол

Soccer

Karen Durrie

Футбол
Soccer

Зміст

Contents

Я люблю футбол. Сьогодні я збираюся грати у футбол.

I love soccer. I am going to play soccer today.

Як професіонал

У всіх країнах світу грають у футбол.

Soccer is played all over the world.

Я вдягаю форму футболіста.
Я ношу червону спортивну
футболку з номером на спині.

I get dressed for soccer.
I put on my red jersey.
It has a number on its back.

Як професіонал

Гравці в команді носять форму однакового кольору.

Players on a team wear the same color.

Я вдягаю бутси. У них на підошві є шипи. Ці шипи забезпечують надійне зчеплення із землею.

I put on my cleats. They have spikes. Spikes help me grip the ground.

У футбольних бутсах гравці краще вправляються з м'ячем.

Soccer cleats help players control the ball.

Я ношу футбольні щитки на ногах. Зверху них я вдягаю довгі шкарпетки.

I wear shin guards on my legs. I put long socks over them.

Як професіонал

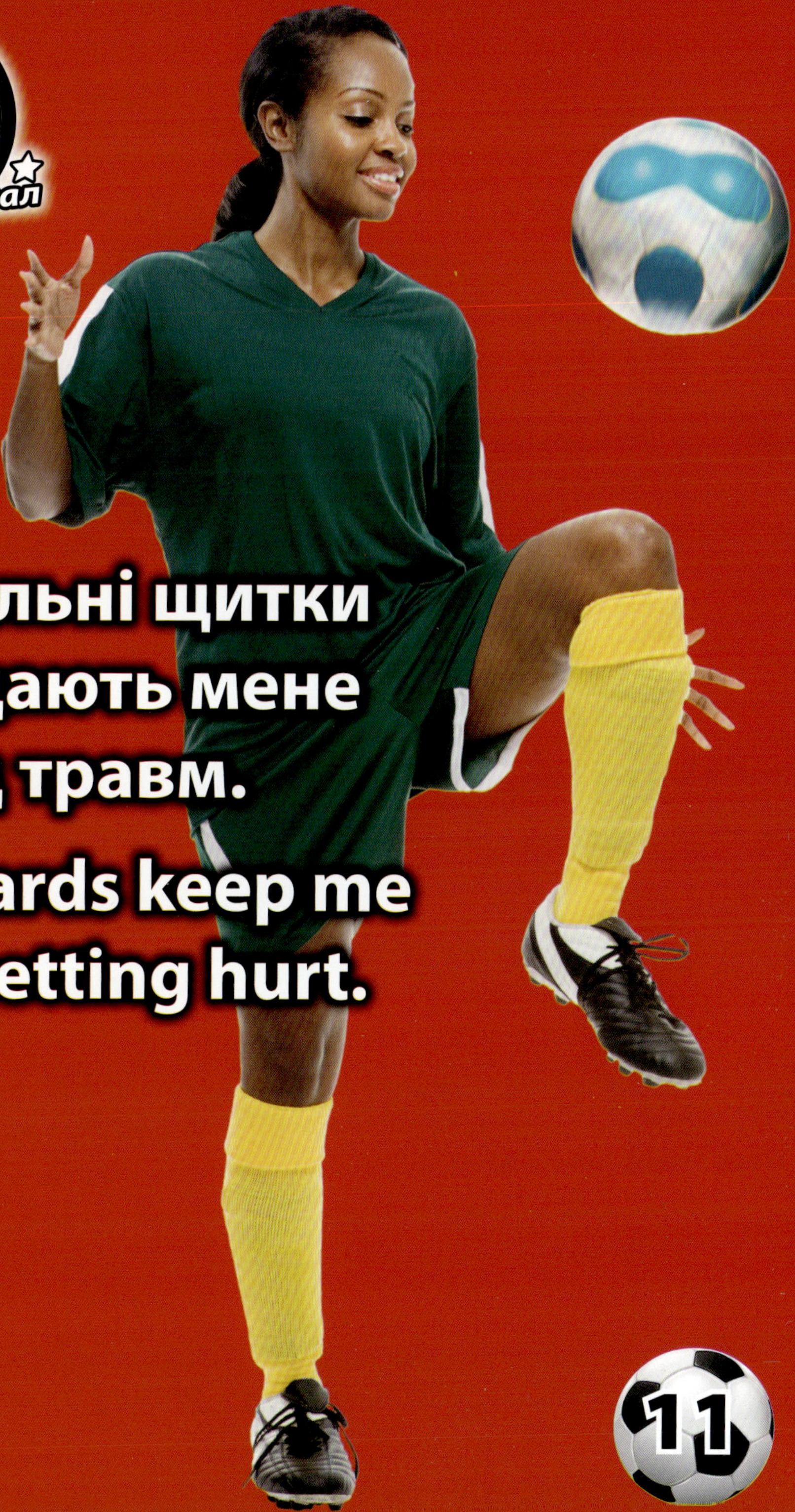

Футбольні щитки захищають мене від травм.

Shin guards keep me from getting hurt.

У мене є футбольний м’яч. Він чорно-білий. Він швидко котиться.

I have a soccer ball. It is black and white. It rolls fast.

Щороку виготовляється 100 мільйонів футбольних м'ячів.

100 million soccer balls are made each year.

Я зустрічаюся з друзями для гри у футбол. Ми команд.

I meet my friends to play soccer. We are a team.

Як професіонал

Перед грою ми бігаємо та розтягуємося.

We run and stretch before the game.

Я граю на позиції нападника у своїй команді. Я багато бігаю. Мої ноги втомлюються.

I am a forward on my team. I do a lot of running. My legs get tired.

Як професіонал

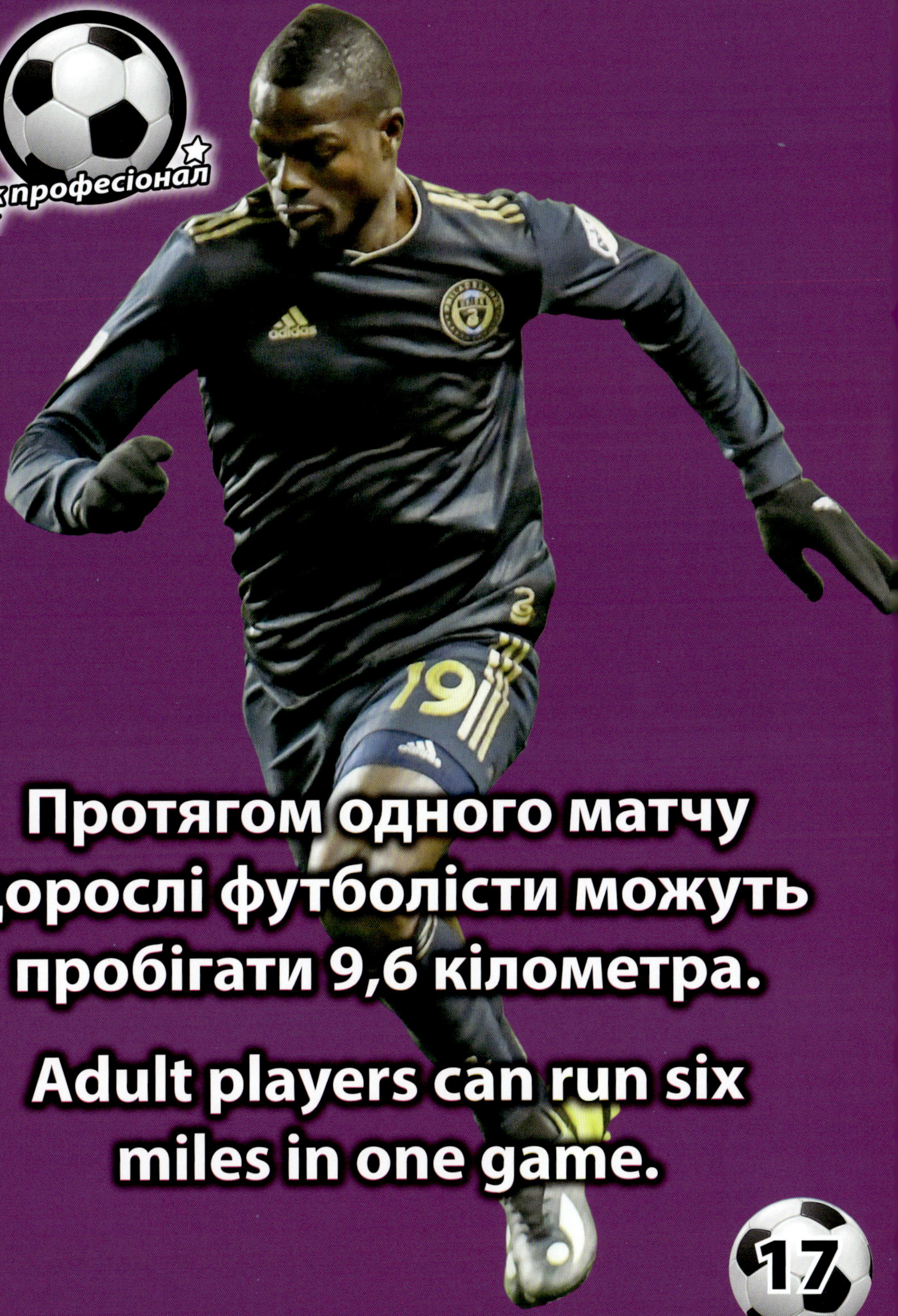

Протягом одного матчу дорослі футболісти можуть пробігати 9,6 кілометра.

Adult players can run six miles in one game.

Команди пасують м'яча, б'ють по ньому та наздоганяють його. Я забиваю гол. Ми перемагаємо в матчі.

The teams pass, kick, and chase the ball. I score a goal. We win the game.

Як професіонал

Один гравець забиває гол, але виграє вся команда.

One player scores, but teamwork wins the game.

Я люблю футбол.

I love soccer.

Футбол Soccer

is available in 12 more bilingual versions.

Arabic

Brazilian Portuguese

French

Hindi

Korean

Mandarin

Russian

Spanish

Swahili

Tagalog

Urdu

Vietnamese

Choose your preferred language for a unique reading experience!

Published by Lightbox Learning Inc.
276 5th Avenue, Suite 704 #917
New York, NY 10001
Website: www.openlightbox.com

Library of Congress Control Number: 2024939609

ISBN 979-8-8745-1694-9 (softcover)

Printed in Guangzhou, China
1 2 3 4 5 6 7 8 9 0 28 27 26 25 24

082024
102923

Designer: Ana María Vidal
Layout: Mandy Christiansen
English Editor: Sara Cucini
Ukrainian/English Translation: Translation Services USA

The publisher acknowledges Alamy, Getty Images, iStock, and Shutterstock as the primary image suppliers for this title.